Grundlagen und Praxis der systemischen Beratung in der Sozialarbeit

GRIN

Bibliografische Information der Deutschen Nationalbibliothek:

Die Deutsche Nationalbibliothek verzeichnet diese Publikation in der Deutschen Nationalbibliografie; detaillierte bibliografische Daten sind im Internet über http://dnb.d-nb.de abrufbar.

ISBN: 9783346913319
Dieses Buch ist auch als E-Book erhältlich.

Druck und Bindung: Books on Demand GmbH, Norderstedt Germany
Gedruckt auf säurefreiem Papier aus verantwortungsvollen Quellen

Das vorliegende Werk wurde sorgfältig erarbeitet. Dennoch übernehmen Autoren und Verlag für die Richtigkeit von Angaben, Hinweisen, Links und Ratschlägen sowie eventuelle Druckfehler keine Haftung.

Das Buch bei GRIN: https://www.grin.com/document/1375681

Systemische Beratung

Einsendepräsentation- *Alternative A*

<u>Abgabedatum:</u>   **27.01.2023**

Inhaltsverzeichnis

Abkürzungsverzeichnis

Abb.	Abbildung
Abs.	Absatz
bzw.	beziehungsweise
ca.	circa
d.h.	das heißt
S.	Seite
Vgl.	vergleiche

Abbildungsverzeichnis

Konzeptpapier

Die Präsentation findet im Rahmen einer Weiterbildung statt und richtet sich an studierte SozialarbeiterInnen, die sich auf die systemische Beratung spezialisieren wollen. Die Zielgruppe hat bereits ihr Studium abgeschlossen, d.h. die TeilnehmerInnen verfügen über einen Bachelor- oder Masterabschluss in Sozialpädagogik oder sozialer Arbeit. Daher kann von einem breiten Kenntnisstand hinsichtlich der Lösung, dem Verhindern oder dem Vermindern von sozialen Problemen ausgegangen werden. Die Motivation der ZuhörerInnen besteht deswegen nicht in dem Aneignen von sozialwissenschaftlichen Grundwissen, sondern konkret in dem Erlernen der systemischen Grundhaltung, welche im späteren Berufsleben zur systemischen Beratung vorausgesetzt wird. Die ZuhörerInnen haben also konkrete Erwartungen und Vorstellungen, die in engem Zusammenhang mit der beruflichen Präferenz stehen. Entsprechend besteht das Ziel der Präsentation darin, den ZuhörerInnen die systemische Grundhaltung im Kontext der Beratung näher zu bringen, sodass ein optimaler Übergang zur späteren beruflichen Tätigkeit, der systemischen Beratung, gewährleistet werden soll. Die Präsentation gibt einen ersten Überblick auf die systemische Beratung und deren Grundannahmen, weswegen sie zu Beginn der Weiterbildung stattfindet. Im weiteren Verlauf der Weiterbildung werden die Inhalte weiter konkretisiert und spezialisiert, auch in Abhängigkeit des jeweiligen angestrebten Bereichs innerhalb der systemischen Beratung. Die Präsentation an sich findet in einem technisch gut ausgestatteten Raum der Weiterbildungseinrichtung mittels einer Power- Point Präsentation statt. Die Dauer der Präsentation beträgt ca. 20 Minuten, wobei mit anschließenden Fragen gerechnet werden kann, was den zeitlichen Rahmen etwas steigen lässt. So kann also insgesamt von einer Dauer von 30- 40 Minuten ausgegangen werden.

Die Präsentation gliedert sich in zwei Teile. Im ersten Teil werden nach einer Begriffsannäherung an die (systemische) Beratung sowie nach einer Definition von „sozialen Systemen" die wichtigsten systemtheoretischen Grundlagen komprimiert dargestellt. Im zweiten Teil erfolgt die Darstellung der Unterschiede zwischen der systemischen Grundhaltung und klassischen psychologischen Ansätzen.

Im Rahmen der Begriffsannäherung an (systemische) Beratung wird zunächst eine komprimierte und verständliche Definition von Brem- Gräser dargestellt. Demnach kann Beratung als professionelle, wissenschaftlich fundierte Hilfe aufgefasst werden, welche rat- und hilfesuchenden Personen oder Gruppen auf Basis des kommunikativen Miteinanders vorbeugend, in Krisensituationen sowie anderen Problemlagen aktuell und nachbetreuend dient. Dabei darf Beratung den KlientInnen nicht bestimmte Entscheidungen aufdrängen oder diese erzwingen. Die Probleme der ratsuchenden Person stehen stets im Mittelpunkt. [1]

In dem Kontext werden auch die Merkmale der Beratung, nämlich eine kommunikationstheoretische Unterlegung (Vertrautheit mit Grundlagen der Kommunikationspsychologie) und ein theoriegeleitetes Vorgehen (Bedienen wissenschaftlicher Forschungserkenntnisse, Systematiken und Interventionsverfahren). Neben diesen Merkmalen seitens der BeraterInnen und deren Vorgehen sollte die Beratung an sich autonomiefördernd (Entwicklung eigener Handlungskompetenzen), zielorientiert (Erarbeiten von Problemlösungen), partizipativ bzw. kooperativ (gemeinschaftliches Erarbeiten der Lösungswege) sowie ergebnisoffen (Auswählen und Umsetzen der gemeinsam entwickelten Lösungswege) sein. [2] Auf der anschließenden Folie (Folie 4) werden geschichtliche Hintergründe zur Beratung dargestellt und ein Übergang zur psychologischen Beratung sozusagen generiert. Auf der nächsten Folie (Folie 5) wird dann konkreter auf die systemische Beratung eingegangen. Hierbei wird hervorgehoben, dass systemische Beratung stets den sozialen Kontext miteinbezieht, da davon ausgegangen wird, dass kein Verhalten ohne Berücksichtigung des Kontextes verstanden und verändert werden kann. [3] Um dies zu verdeutlichen dient die Metapher, dass der Zustand eines Baums von dem Kontext, also der Umwelt, wie dem Wetter und dem Boden, abhängt. Ferner wird in diesem Kontext erwähnt, dass zwischen systemischer Beratung und systemischer Therapie differenziert werden muss. Während die systemische Therapie auf die Bewältigung von Krankheiten abzielt, kann die systemische Beratung eher als Hilfestellung für Probleme ohne Krankheitswert betrachtet werden. Obgleich das Vorgehen und die Methoden ähnlich sind, wird das

---

[1] Vgl. Brem- Gräser, L. (2018), S.15
[2] Vgl. Karim, Helmrich (2021), S.10-13
[3] Vgl. Schwing, Fryszer (2015), S.9

Inanspruchnehmen der systemischen Therapie von der Krankenkasse gedeckt, während die Beratung selbst bezahlt werden muss. Oft wird die (systemische) Beratung auch als „kleine Therapie" bezeichnet. Außerdem ist der Begriff der „Beratung" im Gegensatz zu dem Begriff der „Therapie" nicht geschützt.[4] Die systemische Beratung findet Anwendung in Bereichen, wie Familienberatung, Paarberatung, Coaching oder Organisationsentwicklung.[5] Die Anwendungsfelder der systemischen Beratung werden auf Folie 6 dargestellt. Auf Folie 7 wird dann eine Definition von „sozialen Systemen" gegeben. Demnach kann ein soziales System als ein Gefüge von Elementen und von Beziehungen zwischen den Elementen verstanden werden. Die Elemente und die Beziehungen zwischen den Elementen bilden sozusagen die Systemstruktur. Wichtig ist, dass sich das System von seiner Umwelt abgrenzt. Prozesse, die innerhalb der System- Umwelt- Grenze stattfinden sind durch die Struktur des Systems bestimmt und unterscheiden sich von Prozessen der Umwelt. Als Beispiel für soziale Systeme können Familien oder Organisationen genannt werden.[6] Die wesentlichen systemischen Grundannahmen werden ab Folie 8 dargestellt. Dabei wird die Kybernetik bewusst zu Beginn dargestellt, da die nachfolgenden Grundannahmen auf den Erkenntnissen der Kybernetik beruhen. Es kann zwischen Kybernetik 1. Ordnung und 2. Ordnung differenziert werden. Während die Kybernetik 1. Ordnung postuliert, dass ein System aus Elementen besteht, welche in Wechselwirkung zueinander stehen und noch von einfachen linearen Wirkungszusammenhängen ausging, geht die Kybernetik 2. Ordnung von einer nichtlinearen Beziehung zwischen Ursache und Wirkung sowie von einer durch außen nicht prognostizierbaren Selbstorganisationsdynamik aus.[7] Die Kybernetik 2. Ordnung macht die Komplexität von sozialen Systemen deutlich. Die wesentlichen Merkmale der Kybernetik werden in Folie 10 dargestellt. Dabei ist die Kybernetik durch Rückkoppelung gekennzeichnet, d.h. ein Ergebnis wird an die Eingangsgrüße zurückgesendet bzw. zurückgemeldet und dort moduliert. Auch können die Autopoesis, also die Fähigkeit zur selbstständigen Reproduktion eines (sozialen) Systems sowie die Emergenz, also die Annahme, dass das Ganze etwas anderes als die Summe seiner Teile

---

[4] Vgl. Schubert, Rohr, Zwicker- Pelzer (2018), S.10; Sommer (2021), Abs.3
[5] Vgl. Systemische Gesellschaft (2021), S.51-78
[6] Vgl. Willemse, von Ameln (2018), S.25
[7] Vgl. Willemse, von Ameln (2018), S.14-15

ist als wesentliche Merkmale aufgefasst werden. Ein weiteres wichtiges Merkmal stellt die Dezentralität, also die dezentrale Steuerung im Sinne eines bottom- up Prozesses (von unten nach oben) dar. Ferner macht sich die Kybernetik komplexe Systeme, d.h. Systeme mit vielen Komponenten, zum Untersuchungsgegenstand.[8] Im Rahmen der Annahme des Konstruktivismus wird davon ausgegangen, dass der Mensch Schöpfer seiner eigenen Wirklichkeit ist. Wirklichkeit wird also als Konstruktion des Beobachters aufgefasst und nicht als objektive Gegebenheit, wie es im Realismus der Fall ist. Zu erwähnen sind die tierexperimentellen Untersuchungen von Maturana und Varela, bei denen der Entschluss gezogen wurde, dass Organismen nicht mit Objekten der Außenwelt, sondern stets mit internen Zuständen interagieren.[9] Dieses Experiment kann als Ausgangspunkt für den radikalen Konstruktivismus verstanden werden, wobei bereits in dem Altertum von Rene Descartes oder Immanuel Kandt dem Konstruktivismus nahestehende Ansichten identifiziert werden können.[10] Im Rahmen der Lösungsorientierung wird konstatiert, dass ein zu starker Fokus von Problemen auf die Verfestigung dieser führen kann, was als „Problemtrance" bezeichnet wird. Entsprechend orientiert sich der systemische Ansatz an Lösungen, da so der Glauben an die eigene Lösungskompetenz gestärkt wird. Deswegen sollte gezielt nach Lösungen und Ressourcen gefragt werden, sodass eine „Lösungstrance" eintritt.[11] Eine weitere Grundannahme des systemischen Ansatzes besteht in dem Denken in Zusammenhängen bzw. dem ganzheitlichen Denken. Da in einem System alles miteinander zusammenhängt und geringe Veränderungen in Teilbereichen zu Veränderungen des ganzen Systems führen können wird die Perspektive von dem Ganzen zu den Teilen oder vom Ganzen ausgehend gerichtet. Dabei wird stets die Struktur und Eigendynamik eines Systems berücksichtigt.[12] Die zirkuläre Kausalität kann als weitere essenzielle Grundannahme des systemischen Ansatzes betrachtet werden. Während die lineare Kausalität davon ausgeht, dass ein Ereignis (A) zu der Folge (B) führt, weswegen also A die Ursache für B ist, werden im Rahmen der zirkulären Kausalität die Wechselwirkungen zwischen den Elementen des Systems als

---

[8] Vgl. Ampofo, A. (2016), S.15-29
[9] Vgl. Willemse, von Ameln (2018), S.7-11; Palmowski (2014), S.37-42
[10] Vgl. Willemse, von Ameln (2018), S.7-10
[11] Vgl. Willemse, von Ameln (2018), S.11
[12] Vgl. Willemse, von Ameln (2018), S.11-12

auch zwischen System und Umwelt beachtet. Demnach beeinflusst A B und B wiederum A.[13] Die folgende Abbildung veranschaulicht die zirkuläre Kausalität.

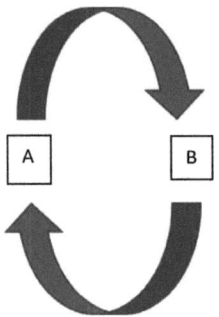

Abb.1: Zirkuläre Kausalität
Quelle: Eigene Darstellung in Anlehnung an Willemse, von Ameln (2018), S.13

Auf Folie 15 wird die systemische Grundhaltung, welche durch Neutralität (wertungsloses Wahrnehmen), Allparteilichkeit (Berücksichtigung alle Beteiligten im System des Klienten bzw. der Klientin), Respekt und Wertschätzung gegenüber den KlientInnen, Transparenz (Herstellen Rollenklarheit für alle Seiten) und Offenheit (freie und flexible systemische Prozessgestaltung) sowie durch respektvoller Neugier (authentische und empathische Exploration der Vorstellungwelt der KlientInnen) und ressourcenorientierten Lösungsfokus (Blick auf vorhandene Ressourcen) gekennzeichnet. Dabei wird das Merkmal „Respekt und Wertschätzung" bewusst hervorgehoben, da dieses Merkmal eines der entscheidensten im Hinblick des zugrundeliegenden systemischen Menschenbildes ist sowie als maßgeblicher Wirkfaktor der Beratung aufgefasst werden kann. Es kann angemerkt werden, dass zwar der Respekt gegenüber den KlientInnen essenziell ist, im Gegenzug jedoch eine Respektlosigkeit gegenüber der Ideen, d.h. das mit angemessener Frechheit infragestellen von festgefahrenen Mustern, Ideen, Vorstellungen und Glaubensgrundsätzen zielführend sein kann.[14]

In den Folien 16 und 17 wird die systemische Grundhaltung mittels 8 „Regeln" verdeutlicht. Dabei sollte man die eigene Sicht nie für die einzig richtige halten

---

[13] Vgl. Willemse, von Ameln (2018), S.13
[14] Vgl. Kutz, A. (2020), S.14-18; Brüggemann, Ehret, Klütmann (2016), S.u.

und einfachen Erklärungen misstrauen. Weiter sollte der Klient bzw. die Klientin darin unterstützt werden, eine positive Sicht auf die Welt zu entwickeln. Dabei sollte an Ressourcen und Lösungen und nicht an Defiziten und Problemen gearbeitet werden. Auch sollte stets auf die Sprache geachtet werden, da sie Wirklichkeit schafft. Der Fokus des systemischen Ansatzes bezieht sich auf die Veränderung von Kommunikationsmustern und nicht auf die Veränderung der Systemmitglieder. Weiter entscheidet der Klient bzw. die Klientin selbst, ob es die Perturbation (bewusst herbeigeführte Störung) in der Beratung als Anlass für die eigene Veränderung nimmt oder nicht. Es sollte keineswegs etwas aufgedrängt oder erzwungen werden. Ferner sollte stets der Kontext berücksichtigt werden, wenn man das ganze System verstehen will. Das zirkuläre Denken sowie Wertschätzung und Respekt bei der Begegnung mit den KlientInnen stellen weitere Regeln des systemischen Ansatzes dar.[15] Im Rahmen des zweiten Teils der Präsentation werden, wie bereits erwähnt, die Unterschiede zur klassischen Psychologie dargestellt. In Folie 18 wird eine Tabelle zur Übersichtlichkeit der Unterschiede dargestellt. Die folgende Abbildung zeigt die entsprechende   Tabelle.

Klassische Psychologie	Systemischer Ansatz
Soziales ist Funktion von individuellen Handelns	Individuelles Handeln ist Funktion des Sozialen
Symptome als Folge von individuellen Eigenschaften	Symptome als Folge der Dynamik des Systems
Individuumszentrierte Sichtweise	Interpersönliche Sichtweise
Fokus auf wahrnehmbares und nichtwahrnehmbares Verhalten	Fokus auf wahrnehmbares Verhalten
Vergangenheit ist wichtig	Vergangenheit ist weniger wichtig
Unterscheidung normales und unnormales Verhalten	Unterscheidung verschiedene Sichtweisen des Systems
Lineare Kausalität	Zirkuläre Kausalität
Analyse und Beseitigung Problem notwendig für Lösung	Durchbrechung dysfunktionale Muster als Lösung
Eher problemorientiert	Eher ressourcenorientiert

Abb.2: Unterschiede zur klassischen Psychologie

Quelle: Eigene Darstellung in Anlehnung an Willemse, von Ameln (2018), S.17

Anzumerken gilt, dass die dargestellten Unterschiede vor allem die Differenz zwischen den klassischen Ansätzen (psychoanalytischen Ansatz und dem behavioristischen Ansatz) und dem systemischen Ansatz beschreibt. So ist die Differenz zu neueren Ansätzen der Psychologie, wie dem Humanismus, nicht so

---

[15] Vgl. Willemse, von Ameln (2018), S.56-59

groß. Dabei stellt die Ressourcenorientierung eine Gemeinsamkeit zwischen dem humanistischen und dem systemischen Ansatz dar.[16]

Zum Schluss der Präsentation werden in den Folien 19,20 und 21 mittels drei Beispielen die Unterschiede zwischen der klassischen Psychologie und dem systemischen Ansatz dargestellt.

---

[16] Vgl. Schweiger, Fahr (2013), S.100-102

Literaturverzeichnis

Ampofo, A. (2016). Betriebswirtschaftslehre für Umweltwissenschaftler. Heidelberg: Springer

Brüggemann, H., Ehret, K., Klütmann, C. (2016). Systemische Beratung in fünf Gängen- Ein Leitfaden. Göttingen: Vandenhoeck und Ruprecht

Just, A. (2016). Systemische Beratung- Kommunikation durch Skizzieren- Fallbeispiele aus der Schulsozialarbeit. Stuttgart: utb

Karim, A., Helmrich, C. (2021). Studienbrief „Beratung". Riedlingen: SRH Fernhochschule

Kutz, A. (2020). Systemische Haltung in Beratung und Coaching. Heidelberg: Springer

Palmowski, W. (2014). Systemische Beratung. Kohlhammer: Stuttgart

Schubert, F.-C., Rohr, D., Zwicker- Pelzer, R. (2018). Beratung- Grundlagen, Konzepte, Anwendungsfelder. Heidelberg: Springer

Schweiger, W., Fahr, A. (2013). Handbuch Medienwirkungsforschung. Heidelberg: Springer

Schwing, R., Fryszer, A. (2015). Systemische Beratung und Familientherapie- kurz, bündig, alltagstauglich. Göttingen: Vandenhoeck & Ruprecht

Sommer, S. (2021). Systemische Beratung und systemische Therapie. Berlin: xinxii

Systemische Gesellschaft (2021). Der systemische Ansatz und seine Praxisfelder. Berlin: Systemische Gesellschaft

Willemse, J., Von Ameln, F. (2018). Theorie und Praxis des Systemischen Ansatzes. Heidelberg: Springer

Der Systemische Ansatz und seine Abgrenzung

Inhaltsverzeichnis

Systemischer Ansatz

Einleitung Beratung

- *Beratung* → Professionelle, wissenschaftlich fundierte Hilfe, welche hilfesuchenden Personen oder Gruppen auf Basis der Kommunikation in Krisensituationen und sonstigen Konfliktlagen aktuell und nachbetreuend dient. Die Probleme des Ratsuchenden stehen im Mittelpunkt[1]

- *Merkmale Beratung:*[2]
  - Kommunikationstheoretisch unterlegt
  - Theoriegeleitet
  - Ergebnisoffen
  - Partizipativ/ kooperativ
  - Zielorientiert
  - Autonomiefördernd

1 vgl. Brem-Gräser, L. (1993), S. 15
2 vgl. Karim, Helmrich (2021), S. 10-13

Systemischer Ansatz

Einleitung Beratung[3]

- Beginn Beratung ca. Ende 19. Jahrhundert → Folge einer industrialisierten und verbürgerlichten Gesellschaftsstruktur

- Anfang 20. Jahrhundert lösten institutionelle Beratungseinrichtungen die bisher semiprofessionelle, nachbarschaftliche Beratung ab

- Beratung folgt den gesellschaftlichen und wirtschaftlichen Entwicklungen sowie dem Strukturwandel (Damals wie heute)

- Breite Anwendungsfelder (Wirtschaft, Soziales, Gesundheit, Recht, Politik etc.)

- Psychoanalytische Beratung als erstes psychologisches Beratungsparadigma

- Systemische Beratung ab 1970er in Deutschland → Erkenntnisse der Kybernetik als Grundlage

3 vgl. Schubert, Rohr, Zwicker- Pelzer (2018), S.1-142

Systemischer Ansatz

Systemische Beratung

▲ Einbeziehen sozialer Kontext in Beratung → kein Verhalten kann ohne Berücksichtigung des Kontextes verstanden und verändert werden[4]

  ▲ Metapher: Ob es Baum gut geht hängt von Umwelt ab (Wetter, Boden etc.)

▲ Differenzierung systemische Beratung und systemische Therapie[5]

  ▲ Beratung als „kleine Therapie" → Probleme ohne Krankheitswert

  ▲ Beratung kein geschützter Begriff

  ▲ Beratung wird i.d.R. nicht von Krankenkasse übernommen

4 vgl. Schwing, Fryszer (2015), S.9
5 vgl. Schubert, Rohr, Zwicker- Pelzer (2018), S.10; Sommer, S. (2021), Abs.3

Systemischer Ansatz

__Systemische Beratung__

▲ Anwendungsfelder:

- ▲ Familienberatung
- ▲ Paarberatung
- ▲ Coaching
- ▲ Jugendberatung
- ▲ Drogenberatung
- ▲ Organisationsentwicklung
- ▲ etc.[6]

6 vgl. Systemische Gesellschaft (2021), S. 51-78

Systemischer Ansatz

▲ Definition soziale Systeme[7]

- ▲ Soziales System ist ein Gefüge von Elementen und von Beziehungen zwischen den Elementen → Systemstruktur

- ▲ Das System grenzt sich gegen seine Umwelt ab

- ▲ Prozesse, die innerhalb der System- Umwelt Grenze stattfinden sind durch die Struktur des Systems bestimmt und unterscheiden sich von Prozessen der Umwelt

- ▲ Familien oder Organisationen als soziale Systeme

7 vgl. Willemse, von Ameln (2018), S.25; Just, A. (2016), S.16

Systemischer Ansatz

Systemtheoretische Grundannahmen[8]

- ▲ Kybernetik
- ▲ Konstruktivismus
- ▲ Lösungsorientierung
- ▲ Denken in Zusammenhängen
- ▲ Zirkuläre Kausalität

8 vgl. Willemse, von Ameln (2018), S.7-15

Systemischer Ansatz

▶ **Kybernetik**[9]

   ▲ Kybernetik 1. Ordnung

      ▲ System besteht aus Elementen, die in Wechselwirkung zueinander stehen

      ▲ Die Relation zueinander macht die jeweilige spezifische Systemstruktur aus

   ▲ Kybernetik 2. Ordnung

      ▲ Schlichte Steuerungsvorstellungen zum Verständnis sozialer Systeme reichen nicht aus

      ▲ Soziale Systeme zeichnen sich durch nichtlineare Beziehung zwischen Ursache und Wirkung sowie durch eine von außen nicht prognostizierbare Selbstorganisationsdynamik aus

9 vgl. Willemse, von Ameln (2018), S.14-15

Systemischer Ansatz

► *Merkmale Kybernetik*[10]

- ▲ Komplexe Systeme (Viele- Komponenten Systeme) als Untersuchungsgegenstand
- ▲ Rückkoppelung → Ergebnis wird an Eingangsgröße zurückgemeldet und dort moduliert
- ▲ Autopoesis → Fähigkeit zur selbstständigen Reproduktion
- ▲ Dezentralität → dezentrale Steuerung (bottom- up)
- ▲ Emergenz → Das Ganze ist etwas anderes alles die Summe seiner Teile

10 vgl. Ampofo, A. (2016), S.15-29

Systemischer Ansatz

Konstruktivismus[11]

- Der Mensch ist Schöpfer seiner eigenen Wirklichkeit
  - Wirklichkeit ist Konstruktion des Beobachters
- Dies gilt für einzelne Menschen als auch soziale Systeme
- Eine *Wirklichkeit* ist nicht gegeben, sondern immer auch anders möglich
- Realismus (Wirklichkeit ist objektive Gegebenheit) als Gegenpol
- Humberto Maturana und Franscisco Varela als Gründer
  - Tierexperimentelle Untersuchungen kamen zu dem Entschluss, dass das Nervensystem eines Organismus nicht mit Objekten der Außenwelt, sondern stets mit internen Zuständen interagiert

11 vgl. Willemse, von Ameln (2018), S.9-11; Palmowski (2014), S.37-42

Systemischer Ansatz

Lösungsorientierung[12]

▲ Problemlösung mittels Lösungsansätzen

▲ Stärkt Glauben an die eigene Lösungskompetenz und die Überzeugung, dass Probleme lösbar sind

▲ Gezieltes Nachfragen nach Ressourcen und Lösungen

▲ Zu starker Fokus auf Probleme und Defizite führt möglicherweise zur Verfestigung der Probleme → „Problemtrance"

▲ „Lösungstrance" als Ziel

12 vgl. Willemse, von Ameln (2018), S.11

Systemischer Ansatz

Denken in Zusammenhängen[13]

- Systemisches Denken als ganzheitliches Denken
- In einem System hängt alles miteinander zusammen
  - Geringe Veränderungen in Teilbereichen können zu Veränderungen des ganzen Systems führen
- Systemisches Denken als kontextbezogenes Denken
  - Soziale Phänomene werden stets in ihrem Kontext betrachtet
  - Wechselwirkung System und Umwelt beachten
- Perspektive von Ganzen zu den Teilen oder vom Ganzen ausgehend
- Berücksichtigung eigene Struktur und Eigendynamik eines Systems

13 vgl. Willemse, von Ameln (2018), S.11-12

Systemischer Ansatz

Zirkuläre Kausalität[14]

- Welt ist von linearer Kausalität geprägt
  - A führt zu B
- Durch die zirkuläre Kausalität werden Wechselwirkungen zwischen Elementen des Systems als auch zwischen System und Umwelt beachtet
  - A beeinflusst B und B beeinflusst wiederum A

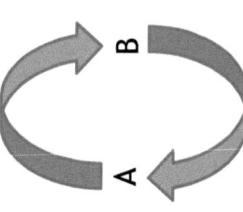

Abb.1: Zirkuläre Kausalität
Quelle: Eigene Darstellung in Anlehnung an Willemse, von Ameln (2018), S.13

14 vgl. Willemse, von Ameln (2018), S. 13

Systemischer Ansatz

▲ Systemische Grundhaltung[15]

- ▲ Neutralität
- ▲ Allparteilichkeit
- ▲ **Respekt und Wertschätzung gegenüber KlientIn**
- ▲ Transparenz/Offenheit
- ▲ Respektvolle Neugier
- ▲ Ressourcenorientierter Lösungsfokus

15 vgl. Kutz, A. (2020), S.13-27; Brüggemann, Ehret, Klütmann (2016), S.u.

Systemischer Ansatz

▶ **Systemische Grundregeln**[16]

1. Halte deine Sicht nie für die einzig mögliche

2. Unterstütze Klienten darin, eine positive Sicht auf die Welt zu entwickeln. Arbeite an *Ressourcen* und nicht an Problemen

3. Achte auf deine *Sprache*, sie erschafft Wirklichkeit

4. Fokus auf Veränderung von *Kommunikationsmuster*, nicht auf die Veränderung der Systemmitglieder

5. Klient entscheidet *selbst*, ob es die Perturbation in der Beratung als Anlass für seine eigene Veränderung nutzen will oder nicht

16 vgl. Willemse, von Ameln (2018), S.56-59   16

Systemischer Ansatz

Systemische Grundregeln

6. Berücksichtige den *Kontext*, wenn du das System verstehen willst

7. Denke *zirkulär*

8. Begegne den KlientInnen mit *Wertschätzung* und *Respekt* - sie und nicht du sind Experten für ihre Situation und die für sie passende Lösungen

Unterschiede zur klassischen Psychologie

Klassische Psychologie	Systemischer Ansatz
Soziales ist Funktion von individuellen Handelns	Individuelles Handeln ist Funktion des Sozialen
Symptome als Folge von individuellen Eigenschaften	Symptome als Folge der Dynamik des Systems
Individuumszentrierte Sichtweise	Interpersönliche Sichtweise
Fokus auf wahrnehmbares und nichtwahrnehmbares Verhalten	Fokus auf wahrnehmbares Verhalten
Vergangenheit ist wichtig	Vergangenheit ist weniger wichtig
Unterscheidung normales und unnormales Verhalten	Unterscheidung verschiedene Sichtweisen des Systems
Lineare Kausalität	Zirkuläre Kausalität
Analyse und Beseitigung Problem notwendig für Lösung	Durchbrechung dysfunktionale Muster als Lösung
Eher problemorientiert	Eher ressourcenorientiert

Abb.2: Unterschiede zur klassischen Psychologie
Quelle: Eigene Darstellung in Anlehnung an Willemse, von Ameln (2018), S.17

Unterschiede zur klassischen Psychologie

▲ Beispiel 1

▲ KlientIn kommt wegen Verhaltensauffälligkeiten in der Schule zur klassischen psychologischen Beratung → Verhalten wird zunächst dahingehend eingeschätzt, ob es normal oder pathologisch ist. Dabei wird vor allem der Sichtweise des Individuums selbst viel Bedeutung zugeordnet

▲ KlientIn kommt wegen Verhaltensauffälligkeiten in der Schule zur systemischen Beratung → Verhalten wird zunächst vor dem Hintergrund der verschiedenen Sichtweisen des Systems (z.B. von LehrerInnen und anderen SchülerInnen) und den damit einhergehenden Beziehungen betrachtet, sodass vor allem interpersönliche Sichtweisen berücksichtigt werden

Unterschiede zur klassischen Psychologie

▶ Beispiel 2

- ▲ KlientIn wird psychoanalytisch beraten → einige Stunden der Beratung werden für die Analyse und Aufarbeitung der Vergangenheit genutzt

- ▲ KlientIn wird systemisch beraten → nur maximal eine Stunde der Beratung wird der Vergangenheit gewidmet

Unterschiede zur klassischen Psychologie

▲ Beispiel 3

▲ KlientIn kommt aufgrund sozialer Ängste in klassische psychologische Beratung → es werden die Probleme (soziale Ängste) näher exploriert und anschließend an den Problemen mittels klassischer psychologischer Methoden (z.B. Exposition) gearbeitet

▲ KlientIn kommt aufgrund sozialer Ängste in systemische Beratung → es wird über die Probleme (soziale Ängste) gesprochen und gleichzeitig werden die Ressourcen erfragt. Anschließend werden die Ressourcen für die Problemlösung genutzt

Literaturverzeichnis

▲ Ampofo, A. (2016). Betriebswirtschaftslehre für Umweltwissenschaftler. Heidelberg: Springer

▲ Brüggemann, H., Ehret, K., Klütmann, C. (2016). Systemische Beratung in fünf Gängen- Ein Leitfaden. Göttingen: Vandenhoeck und Ruprecht

▲ Just, A. (2016). Systemische Beratung- Kommunikation durch Skizzieren- Fallbeispiele aus der Schulsozialarbeit. Stuttgart: utb

▲ Karim, A., Helmrich, C. (2021). Studienbrief „Beratung". Riedlingen: SRH Fernhochschule

▲ Kutz, A. (2020). Systemische Haltung in Beratung und Coaching. Heidelberg; Springer

▲ Palmowski, W. (2014). Systemische Beratung. Stuttgart: Kohlhammer

▲ Schubert, F.-C., Rohr, D., Zwicker- Pelzer, R. (2018). Beratung- Grundlagen, Konzepte, Anwendungsfelder. Heidelberg: Springer

▲ Schwing, R., Fryszer, A. (2015). Systemische Beratung und Familientherapie- kurz, bündig, alltagstauglich. Göttingen: Vandenhoeck & Ruprecht

▲ Sommer, S. (2021). Systemische Beratung und systemische Therapie. Berlin: xinxii

▲ Systemische Gesellschaft (2021). Der systemische Ansatz und seine Praxisfelder. Berlin: Systemische Gesellschaft

▲ Willemse, J., Von Ameln, F. (2018). Theorie und Praxis des Systemischen Ansatzes. Heidelberg: Springer

Vielen Dank für Ihre Aufmerksamkeit!